MÉMOIRE

ADRESSÉ A

S. E. M. LE MINISTRE DE L'INTÉRIEUR

PAR

l'Agent Voyer cantonal de S....

Un calomniateur m'ôte l'honneur et le pain de ma famille. Mon droit et mon devoir sont de le dénoncer, de le poursuivre, malgré sa qualité de chef de service.

Que n'ai-je le talent d'allier la prudence de l'expression à la force de la pensée, afin d'exposer dans un jour convenable des actes d'administration inouis, inconnus dans les fastes administratifs, et pourtant avérés.

M. l'agent-voyer en chef de .... après s'être compromis à mon endroit, m'a clandestinement accusé, auprès de M. le Préfet, dans le but d'obtenir mon exclusion du service vicinal. Il a réussi.

Ma démission plusieurs fois sollicitée, aurait été, si je l'avais donnée, la dix-neuvième ou la vingtième depuis six ans, sur moins de trente agents voyers. En deux ans environ, il en a été compté douze. Les démissionnaires ont versé obligatoirement à la caisse des retraites, inutilement pour eux, mais non inutilement peut-être pour leur ex-chef, qui aura le premier à faire valoir ses droits à la retraite.

Un agent voyer à qui les veilles et les persécutions ont fait blanchir les cheveux et perdre la vue, n'a pu obtenir, après dix-sept ans de service, la moindre pension.

Voyons par quelques-unes de ses œuvres comment le chef est arrivé à ces résultats.

Il exigeait naguère que les agents voyers cantonaux découchassent 80 fois pour gagner 125 francs de frais de tournée. En même temps il rendait indispensable notre présence dans nos bureaux. Il exige encore que chacune de nos tournées

1868

soit inscrite 14 fois au moins, et il use du droit de biffer celles qu'il veut, sans nous dire lesquelles. C'est au moment et dans la mesure qui lui plaît, que nous arrivent de modestes frais de tournées, votés largement et sans conditions par le Conseil général. On trouve même à la page 398 du procès-verbal des séances de 1863, que le vote de cette assemblée, soit 5000 fr. de frais de déplacement, est exclusivement en faveur des agents voyers cantonaux. Et leur chef leur fait la part si petite, si précaire !

Les torts qu'il m'a causés à propos de mes tournées me confèrent le droit de parler des siennes.

En 1863, j'étais attaché à son bureau. Chaque mois, à des quantièmes variables, il partait en tournée pour cinq jours en moyenne. Ses employés prédisaient au moins vingt-quatre heures à l'avance le moment de son départ. Cela me surprenait. L'un d'eux, chargé de prendre les plis à la poste, m'initia à ce secret qui n'en était pas un. « Regardez, me dit-il un matin, en me montrant une lettre à l'adresse du chef, reconnaissez-vous son écriture ? il en vient une pareille tous les mois. » La lettre était timbrée de G.... (hors de France). Quoique l'écriture et l'orthographe fussent défigurées, l'adresse était visiblement de la main du chef. Elle était ainsi conçue : « A Monsieur X..., Ingénieur et Agent Voyer en Chef du Département de ..... » L'abus des titres et des majuscules aurait suffi pour me faire connaître la main. Le cachet, fermé de cire bleue, représentait la lettre A. On disait de ce cachet A, que le chef l'avait apporté de la papéterie de l'administration, et que, le tenant renversé à distance du comptable, de manière à former de cet A un V (vicinalité), il avait commandé qu'il fût enregistré au chapitre du matériel administratif.

Par ces remarques, non-seulement nous savions quel jour partirait le chef, mais quelle direction il prenait. Entr'autres témoignages, les registres du bureau des diligences feraient foi.

Tout agent voyer cantonal rencontré à G...., y fût-il venu pour le meilleur motif, afin d'acheter, par exemple, les fournitures de bureau que l'administration lui refuse, était impitoyablement frappé d'une retenue disciplinaire par le chef.

Sa grande inquiétude était, avant qu'il me portât le coup décisif, de savoir ce que j'avais à dire sur sa vie privée. « Votre conduite privée ne me regarde pas, » lui ai-je répondu. On voit que je ne m'occupe que de sa vie publique, puisque je parle de ses tournées.

La distinction ne lui paraîtra pas spécieuse, si je lui rappelle un mot qu'il adressa en 1863 à l'agent voyer d'arrondissement de B.... M. l'inspecteur du service vicinal étant venu visiter ce bureau n'y trouva pas l'agent voyer d'arrondissement. Le chef gourmanda celui-ci, devant moi, en ces termes : « Vous devez informer l'agent qui vous remplace du lieu où vous allez quand vous quittez votre bureau ; moi j'agis toujours ainsi. » N'en déplaise à M. l'agent voyer en chef, je ne sache pas qu'il ait employé d'autres moyens de prévenir ses employés de la direction de ses tournées que par la venue de la lettre mensuelle. Au surplus, M. L.... l'ex-agent voyer d'arrondissement en question, habite encore B.... ; en sa qualité de démissionnaire il ne craindrait pas de rendre témoignage à la vérité. Ce M. L...., mon ancien chef, était un excellent sujet ; nous avons eu ensemble les meilleurs rapports ; il a donné sur mon compte de très bons renseignements que je puis produire.

M. l'agent voyer en chef touche, supplémentairement, 10 fr. par jour de tournée ; l'agent voyer d'arrondissement, 5 fr. ; l'agent voyer cantonal, 1 fr. 50, lorsque les deux premiers ne les lui rognent pas.

Or, en 1864, des ouvriers travaillaient en régie, pendant la belle saison, sur un chemin muletier reliant la commune de S.... à celle de C...., en passant par le col d'A...., c'est-à-dire, par les neiges perpétuelles. Ils furent visités par MM. les agents voyers en chef et d'arrondissement qui, parvenus à dos de mulet sur le versant de Ch..., avaient imputé, sur le rôle de régie des ouvriers, leur dépense personnelle résultant de ce mode de voyager. — Économie.

En 1865, un de mes prédécesseurs avait notifié l'impossibilité d'exécuter la même ascension sur le versant de S...., à toute réquisition de l'agent voyer d'arrondissement. Comme il avait déjà notifié au chef, le 10 mai précédent, une calomnie de ce dernier, celui-ci le malmenait, lui envoyait des notes mordantes où se trouvaient des mots soulignés de trois traits à l'encre rouge. Il lui écrivit donc dans cette occasion : « Rien n'est impossible à l'homme. » Afin de justifier ce grand mot, il se rendit sur les lieux, mais il fut contraint de descendre sans avoir gravi le tiers de la montée. — Jactance.

En 1867, au mois de mai, ordre me vint de visiter ce chantier tous les samedis, et d'activer les travaux ; — on verra comment les ouvriers ont été payés. — L'ascension sur le versant de S.... commence à 8 kilomètres du lieu de ma résidence. Chaque dimanche, je devais fournir un bulletin des journées des ouvriers visités la veille. Ma part de chantier s'étendait jusqu'au delà des neiges perpétuelles. — Vexation.

Chaque samedi, d'autres ordres non moins impérieux me retenaient à mon bureau ou tout auprès. J'envoyais régulièrement les bulletins de journées chaque huitaine ou quinzaine, tout en les datant par huitaine, suivant leur forme hebdomadaire et l'ordre reçu.

On tâcha d'établir que je désobéissais à l'ordre impossible de visiter le chantier tous les samedis. A cet effet, me furent renvoyés les bulletins des deux premières semaines de juillet, afin que je les datasse du jour où je les produisais et non de la fin de chaque semaine. Je transcrivis les états, je laissai le quantième du mois en blanc. A cause de ce fait *unique*, de l'aveu de M. l'agent voyer en chef, une retenue disciplinaire me fut infligée par arrêté préfectoral du 22 juillet. Autant eût valu avouer que mon service était irréprochable, puisqu'on n'avait trouvé qu'une si mauvaise occasion de me punir.

Je sollicite aujourd'hui la cassation de cet arrêté qui a daté le commencement de ma ruine. Outre l'injustice évidente de la retenue, l'arrêté préfectoral comporte contre mes accusateurs les trois accusations qui suivent.

D'abord, l'obligation de remplir lesdits bulletins hebdomadaires ne m'a été imposée que par un abus de pouvoir. Ces imprimés n'étaient point ceux de l'administration, elle n'en a que de mensuels de l'espèce. Ils sortaient d'une presse sans aveu; ils venaient de l'agent voyer d'arrondissement, qui n'a ni crédit ouvert pour couvrir cette dépense, ni qualité pour imposer aux agents voyers cantonaux des imprimés de sa façon, — très défectueux.

Ensuite, un faux a été commis à l'aide de mes états hebdomadaires. Les chefs s'en sont servis pour dresser deux feuilles d'émargement tronquées, falsifiées, qu'ils ont certifiées conformes à mes états. Les ouvriers n'y ont pas trouvé leur compte, et ils ont réclamé.

Une calomnie a couronné l'œuvre. Les chefs m'ont accusé de n'avoir pas fourni ces états dont ils avaient fait un si étrange usage. Cette calomnie a consommé ma perte.

Quelle position que la mienne! Sans le faux, sans la retenue injuste, sans la double signature de M. le Préfet à qui on a fait sanctionner toutes ces iniquités à son insu, je ne pourrais pas même prouver que j'ai fourni ces états qui, tantôt existant, tantôt n'existant pas, au gré de mes accusateurs, ont servi, par tant de moyens contradictoires, à une même fin : à ma perte. Mais à quoi me sert d'avoir raison et de le prouver ? Que sert à un de mes collègues d'avoir collectionné, dans plus de 60 pages, sous forme de mémoire, 173 griefs formulés, dit-il, contre le chef?

L'auteur d'une chanson imprimée, patoise et anonyme, avance que le chef passe, dans une certaine localité, pour « un bandit de pire race. » D'autres que moi se plaignent donc.

Il s'est caché, le chef, pour m'accuser d'être l'auteur de la détresse des ouvriers. Mais une lettre de M. le Sous-Préfet de B.... à M. le Maire de S.... m'a appris fortuitement la calomnie démentie par le faux.

Le chef savait que sur mes états l'agent voyer d'arrondissement avait pris un ouvrier et laissé un autre, choisi tant de journées et laissé les autres ; que deux ouvriers avaient été seuls désintéressés, parce qu'il n'avait pas pu mieux faire, grâce à certaines mesures prises.

Est-elle inusitée cette conduite ? Elle l'est si peu, que j'en puis offrir un exemple à la vérification de S. E. M. le Ministre de l'Intérieur, au sujet du même chemin et des mêmes ouvriers.

Il m'est tombé sous les yeux une lettre ministérielle du 12 juin 1866, adressée à veuve P.... de S.... Il est dit à cette dame (suivant renseignements venus du chef) que si sa créance de 151 fr. 20 ne lui a pas été payée plus tôt, le retard provient du départ de l'agent voyer cantonal, — ce qui signifie sans doute que mon prédécesseur avait été négligent à régulariser la créance. — Or, j'ai sous la main un rapport de lui accompagné d'une note de l'agent voyer d'arrondissement, qui prouve que la créance était régularisée depuis le 26 juin 1865. — D'ailleurs M. B..., mon prédécesseur, était loin depuis le mois de février 1866, et l'agent voyer d'arrondissement, venu pour l'expulser, avait précisément été pris à partie au sujet de cette créance, et il avait fait une de ces réponses incroyables qu'il tient à la disposition des créanciers : « C'est trop vieux, dit-il. » Je tiens le mot de la personne intéressée. Le chef n'a pas dit au ministère que la veuve P.... s'était adressée à lui et à la Préfecture sans recevoir de réponse. C'était justement l'agent voyer cantonal qui l'avait engagée à écrire à la Préfecture et même au Ministère, parce qu'il connaissait le système en vigueur dans notre administration.

Le système dont je veux parler s'applique le plus simplement du monde. On promet aux créanciers de les payer, et on ne les paie pas. En voici un exemple :

Une réclamation collective de propriétaires dépossédés de leurs terrains, sans formalités, mais avec promesse de les payer, me fut transmise pour mon rapport par l'agent voyer d'arrondissement. Il avait inscrit au crayon une de ces notes directrices des rapports, qu'il efface ensuite, laissant la responsabilité de sa proposition à l'agent voyer cantonal. « Opposez, disait la note, la prescription s'il y a lieu. » Il faut savoir que les propriétaires avaient déjà réclamé maintes fois depuis trois ans, dès l'époque de l'occupation de leurs terrains; même ils disaient dans leur requête avoir commencé à intenter une action judiciaire.

Plus tard, l'agent voyer d'arrondissement devint d'une exigence anti-règlementaire, lorsqu'il reçut les actes de vente desdits terrains. Il voulait des plans de chemins exécutés sans plans par son ordre. Le résultat était le même : embarrasser l'agent voyer cantonal, tout en empêchant que les propriétaires ne fussent désintéressés.

Deux ex-cantonniers, réclamant pour la troisième fois le paiement de journées arriérées, et le remboursement de 90 fr. environ versés par chacun d'eux à la caisse de leurs retraites — supprimée depuis la réorganisation de ce service sur d'autres bases, — il leur est répondu qu'ils ont touché des mandats (qu'ils n'ont pas touchés), et que le fils d'un entrepreneur leur a remis 7 fr. 20 cent. en remboursement des 90 fr. Les voilà payés.

Par quel moyen un subalterne lésé obtiendra-t-il justice, puisqu'il est obligé de prendre pour comptant des mensonges ou le silence en réponse à ses preuves, preuves déjà si difficiles à réunir, vu qu'on ne laisse rien à sa disposition, pas même les réponses ? Les ordres, on me les donnait au crayon en marge des demandes à renvoyer, et lorsque j'ai voulu me conformer à l'art. 23 du Règlement organique qui nous prescrit de conserver avec soin tout ce qui nous est écrit, j'ai provoqué une tempête contre moi. On sentait le danger du rapprochement des ordres contradictoires.

Ordinairement, disent les ouvriers, M. l'agent-voyer d'arrondissement vient faire la paye lui-même. « Combien avez« vous de journées? » demande-t-il à chaque ouvrier. « Les « jours deviennent courts, il faut rabattre. » Ainsi parle M. Y....., qui, n'étant pas régisseur comptable, n'a pas à manier les fonds de régie; qui, néanmoins, tenant le montant du mandat dans sa poche, n'a rien à rabattre au vu de la feuille d'émargement arrêtée par le Préfet.

Je rappellerais bien quelques misères du même genre remontant à l'époque où M. Y.... était mon prédécesseur dans le canton d'A.... ; mais un trait, plus caractéristique, dessinera la situation à des yeux étrangers.

L'homme dont il sagit a été séparé de son enfant et de sa femme, à la requête de cette dernière, par jugement inséré dans les journaux. Il est donc loisible d'en parler. Un autre procès diffamatoire, dans lequel la position d'un agent voyer cantonal était en jeu, a été perdu par cet homme, en première instance et en appel, à la bruyante satisfaction du public. Le premier chef a beau dire que l'agent voyer cantonal n'était pas en cause; il y mettait lui-même cet infortuné subalterne, en le menaçant de la perte de sa position, après la perte du procès intenté à sa femme. C'est l'agent voyer d'arrondissement qui a perdu, c'est l'agent voyer d'arrondissement qui est demeuré à son poste; l'autre a dû quitter le sien.

Voilà l'homme que le premier chef est allé choisir de préférence pour le placer à la tête d'une famille d'employés qui l'exècrent, j'en ai des preuves. Il avait le choix entre des agents capables et bien famés.

Faut-il s'étonner de ne trouver sous sa direction qu'un simulacre d'administration, un simulacre de comptabilité? L'agent voyer cantonal, par qui marche encore le service, navigue, pour ainsi dire, entre les deux écueils d'ordres constamment contradictoires, jusqu'à ce qu'il sombre. Ces ordres sont tels, que j'ai fini par proposer à l'agent voyer d'arrondissement de tirer au hasard dans la collection de ceux que j'ai reçus, m'engageant à trouver la contradictoire de la première proposition sur laquelle il tomberait.

Le dernier ordre qu'on m'a envoyé, en gage de souvenir, a été de construire, à partir de la mi-janvier jusqu'à la mi-février, un tronçon de chemin dans un sol couvert de deux pieds de neige sur un pied de glace. On me répondra peut-être que d'autres ont reçu un ordre semblable, et s'y sont conformés ; c'est-à-dire, qu'ils ont envoyé des feuilles de travaux remplies. Combien de fois ai-je démontré que ces travaux n'existaient que sur le papier ?

Vous nous envoyez, par exemple, messieurs les chefs, des imprimés de feuilles hebdomadaires pour les tournées des chefs cantonniers, et vous voulez que nous prescrivions d'avance, sur ces feuilles, le futur travail de chaque cantonnier, depuis le lundi jusqu'au samedi. Or, c'est le samedi seulement que vous prescrivez, M. Y....., au chef cantonnier de porter ces ordres. Ce serait un jour ou deux plus tôt, que vous ne seriez pas plus logique. Ne jouissant pas de la franchise postale avec ces ouvriers, nous ne pouvons leur transmettre nos ordres que par le chef cantonnier. Si celui-ci leur a donné des ordres la semaine dernière, ces ordres s'étendent jusqu'au jour de sa prochaine visite, et dans l'intervalle vous voulez que j'en donne d'autres, — qu'ils ne recevront qu'après la date fixée pour le travail. Comment engrener ce rouage? Il s'agit de centaines de kilomètres de sentiers et lits de ruisseaux qui ont nom chemins dans nos montagnes ; il s'agit pour le cantonnier de courir d'un lieu à un autre très éloigné, ainsi que l'indique son nom d'ambulant. Cependant il n'est question dans la feuille et dans vos ordres, que de mesurage exact des travaux exécutés, d'une visite à l'autre, absolument comme s'il s'agissait d'une route impériale. De plus, vous, M. Y....., vous exigez que tous les cantonniers soient visités en un jour, quoique disséminés sur une superficie de dix mille hectares.

Vous voulez encore que l'ouvrage de chaque prestataire travaillant avec le cantonnier soit inscrit sur l'avis gratis. Mais où trouver place à cette inscription sur l'imprimé? Et comment distinguerez-vous le travail de chacun entre trente? Et vous m'accusez de ne pas tenir compte des instructions de l'imprimé! Mais vous n'avez su ni dire lesquelles, ni répondre à ma question. Accuser vaguement de vos torts le subalterne, c'est votre habitude.

Toute votre occupation, à l'endroit de ma circonscription, a été de me chercher noise à propos de la rédaction de ces imprimés, dont on s'était passé plusieurs années sans inconvénient. Encore n'avez-vous pas réussi à me prendre en défaut.

Que n'avez-vous simplifié, au lieu de surcharger les exigences des imprimés? Nous n'aurions pas abouti à reconnaître qu'il n'existait que fictions dans la comptabilité, fictions dans les états que m'a laissés mon prédécesseur! Lorsque j'ai eu régularisé les comptes, et liquidé la place, j'ai été exclu du service; je l'avais prédit.

Embarrassé de mes démonstrations (lorsque vous m'avez contraint de les produire), le chef m'a frappé ne sachant que répondre; mais il n'empêchera pas que les documents relatifs à la petite vicinalité soient des fictions présentées au Ministère pour des réalités. Ma lettre du 25 décembre 1867 à M. le Préfet est péremptoire. Les preuves sont à l'appui.

Quelle comptabilité m'aviez-vous laissée à A....? Près de 8,000 fr. de reliquats à dépenser pour la petite vicinalité dans un bref délai, sous peine de ne pas toucher mes frais de tournée... Or, les budgets communaux ne portaient pas ces crédits. Les erreurs et leurs causes multiples furent représentées avec modération, rien ne fut écouté. Les travaux exécutés, on nous a laissés débattre avec les municipalités que nous obérions, avec les ouvriers que nous ne pouvions payer. Voilà un abrégé fidèle de la conduite constamment suivie à notre égard.

La tactique administrative qui consiste à exiger sans cesse l'impossible, et à ne rien répondre au subalterne, est par trop facile. A bout de patience, il écrit sous enveloppe fermée, puis sous enveloppe chargée; les deux lettres lui reviennent refusées. Comment se fera-t-il donc entendre?

On l'accuse ensuite d'assaillir son chef de demandes d'instructions, et de ne faire aucun cas des réponses. Mais quand il somme l'accusateur de citer ces réponses méconnues, celui-ci n'en trouve aucune.

Voici un spécimen d'un autre genre d'accusations contre l'agent voyer cantonal, genre que le chef paraît goûter, pourvu qu'elles opèrent de dessous le boisseau contre l'accusé sans lui arriver sous les yeux.

Le hasard m'a remis entre les mains un rapport de ma façon, contenant des propositions propres à assurer le service des cantonniers durant l'année suivante. Qu'avait imaginé l'agent voyer d'arrondissement? Il avait surchargé l'indication de l'année, — ce qui dénaturait la portée du rapport, — et il avait inscrit au crayon une note donnant à entendre que je ne m'étais pas conformé à son ordre de retrancher un cantonnier. — Puis, venait une autre note de la main du chef, terrible d'expressions, pour blâmer cette prétendue désobéissance. — On le devine : la note de l'agent voyer d'arrondissement n'était qu'une mystification. Il ne m'avait nullement renvoyé mon rapport avec son ordre prétendu, et pour cause. — J'ai transmis cette curieuse pièce à M. l'agent voyer en chef, qui n'était pas désabusé pour la première fois, qui ne tient pas du tout à l'être.

Après avoir reçu avis, le 12 décembre 1867, que je serai exclu du service dans trois mois, sous le motif vague que je l'avais entravé depuis le 9 octobre, j'ai vainement demandé des explications au chef. N'obtenant, comme toujours, mot de réponse, j'ai dû envoyer à M. le Préfet, avec quatre-vingts pièces justificatives, le récit en vingt-sept pages d'une série de mystifications, du mérite de celle qui vient d'être narrée. C'était le bilan de mes deux derniers mois de patience sous la gouverne de mon chef.

Voyant des embûches sous les ordres contradictoires et anti-règlementaires, j'avais poussé l'obéissance jusqu'au servilisme.

Il faut être servile parfois, ou maudire!

Ma mère m'appelait à son lit de mort. MM. les agents voyers en chef et d'arrondissement me refusèrent simultanément de me rendre à cet appel sacré; le premier, en répondant que je n'avais pas fourni les états de fin d'année, — ce qui n'était pas vrai; — le second, en m'avisant que j'eusse à me trouver, quatre jours après, sur un chemin où il devait se rendre. Il paraît que ce dernier ne m'a adressé cette réponse, que dans la crainte de passer pour tendre à mon égard, car il m'a dit plus tard : « Vous auriez dû partir sans écrire. »

Ces mots renferment un secret du service que je formule ainsi : « Arrange-toi, agent voyer, comme tu l'entendras,

« pourvu que tu restes compromis. » On évite les situations franches. Dans l'argot des employés, cette vérité s'exprime ainsi : « Il y a toujours une queue avec le chef. »

Le chef pousse si loin le besoin du pouvoir arbitraire, que s'il m'empêche d'aller embrasser ma mère mourante, ou changer de localité ma petite fille malade de la coqueluche, c'est pour me faire courir au chef-lieu du département, sans motif ni résultat que je sache. Il m'a même soutenu qu'on « avait le droit de m'y mander toutes les semaines. » S... étant à près de cent kilomètres du chef-lieu départemental, c'était prêcher la traite du blanc. Je n'ai pas contredit le chef.

Humilier et détruire l'agent inférieur, au profit de ses chefs, voilà le but auquel ils tendent par les raisons et les moyens les plus opposés. Leurs sottises, imputées au subalterne, le perdent, et rétorquées contre eux, elles les autorisent à de plus grandes. Le subalterne alors est détruit, parce qu'il se plaint.

Dans le canton d'A..., j'étais coupable, à leur dire, d'avoir employé neuf cantonniers au lieu de huit, bien qu'ils en eussent autorisé neuf, et que les fonds pour les payer ne manquassent pas. Dans le canton de S..., je suis coupable, ou tout au moins fort embarrassé, parce que l'agent voyer d'arrondissement a établi quatre cantonniers, tandis qu'il n'y a de quoi en payer que deux et demi. Avant mon arrivée, il trouvait de quoi en payer quatre, en prenant sur les fonds d'un chemin d'intérêt commun. Après mon arrivée, il n'a plus trouvé à les solder que sur les fonds des chemins vicinaux ordinaires, et les cantonniers travaillaient sur des chemins d'intérêt commun. A A..., on m'avait écrit que les travaux exécutés par les cantonniers sur les chemins d'intérêt commun, seraient soldés sur les fonds spéciaux de ces chemins. A S..., c'est l'inverse qui avait lieu. Qu'en est-il résulté? C'est qu'aux trois mois de congé règlementaire que prennent les cantonniers dans la belle saison, il a fallu en ajouter deux ou trois autres, et réduire les cantonniers à la détresse. Dans un pays couvert de neige pendant six mois, ils ont été occupés sur la glace, au lieu de l'être sur des chemins. — N'importe, il faut mesurer et cuber exactement leur travail de chaque jour. — Un maire loustic disait à un de ces ouvriers : « Quand tu auras réalisé des économies (on « l'avait laissé cinq mois sans le payer), tu achèteras une « robe *de taque* (d'idiot) pour ton administration. »

Mes observations n'amenant qu'une aggravation croissante de maux, j'en cherchai la cause. Il paraît que j'étais accusé de désobéissance. Par les ordres incroyables qui me parvenaient depuis quelque temps, on tentait de m'inoculer l'insubordination. Tout récemment un honnête homme m'a cité ces paroles du chef : « Le service est impossible avec un em-» ployé qui refuse d'obéir. » Mais, lui fut-il répondu : « Il « paraît au contraire très préoccupé d'obéir à vos ordres. » « Vous doutez, » dit le chef, « vous allez voir la preuve. » Là-dessus, il tira une de mes lettres entre les mille pages qu'il a de moi, et son doigt tomba triomphalement sur ces mots : « M. P...., de qui je récuse la juridiction. » L'honnête interlocuteur fut atterré.

Ici, je m'adresse à M. l'agent voyer en chef, et je lui dis : Pour ce mot là, vous avez obtenu mon transfert onéreux dans les montagnes de S.... Ce n'est pas cette lettre qu'il fallait montrer, c'était la précédente, où le refus de reconnaître la juridiction de M. P.... était plus accentué, et partant plus compromettant. Pourquoi donc ne l'avez-vous pas montrée? Ah! c'est qu'on y eût vu votre refus tacite de mettre fin à un ordre de choses déplorable, intolérable, à des ordres propres à m'envoyer sur la sellette d'un tribunal, propres surtout à me jeter où vous me jetez aujourd'hui, sur le pavé. Ne m'avez-vous pas assez rançonné à propos de cette expression? Vous l'aviez probablement montrée aussi isolée à M. le Préfet, qui, pour votre bonheur, n'a pas le temps d'examiner.

La sommation par huissier que vous avez reçue de moi, il y a un an, donne le chiffre de ma rançon. C'est à la suite de cette sommation qu'il fallait inscrire vos griefs, si vous en aviez, puisque j'y avais couché une partie des miens. Au lieu de cette conduite, qui eût été digne et loyale, vous m'avez refusé un bon certificat, sans savoir dire pourquoi, et vous avez signé votre condamnation au bas des griefs que je formulai contre votre administration. Vous avez dû en référer à M. le Préfet, car le cas était grave; je suis resté dans le service néanmoins. Eh bien, si vous n'aviez pas eu tous les torts, est-ce que je n'aurais pas été révoqué? Aujourd'hui même, pourquoi ne me révoque-t-on pas? On me considère comme démissionnaire, mais je n'ai point démissionné. Nommé par un arrêté préfectoral, ce n'est qu'un arrêté préfectoral de révocation qui peut me sortir de fonctions.

Prenant ensuite le ton de la vertu persécutée, vous montrâtes une lettre de moi, par laquelle je vous avisais du prochain envoi de mon mémoire au Ministère, et vous offrais d'en prendre connaissance auparavant : « Vous le voyez, « il m'insulte; je n'aurais qu'à montrer tout cela; mais je ne « veux pas perdre ce malheureux. » C'était fait.

Vous ne voulez pas me perdre, Monsieur, et que voulez-vous donc? A quoi tendent vos sourdes calomnies, votre refus de me répondre, d'enregistrer mes lettres à votre bureau, de donner suite à aucune affaire? Que signifient ce mot d'ordre donné à l'agent voyer d'arrondissement au sujet de *l'être dangereux*, et ce rôle de Georges Dandin que vous m'avez imposé sous peine de perdre ma position? N'exigiez-vous pas que je demandasse pardon à celui que vous auriez dû condamner à me faire amende honorable! Deux lettres du Préfet d'alors feront foi. La première, dictée par vous, est dure et injuste. La seconde, écrite par le Préfet après examen, est douce, flatteuse même à mon endroit. Cette rétractation implicite honore ce haut fonctionnaire et vous condamne; mais vous ne vous rétractez pas. Le Préfet qui me connaissait étant parti, vite vous m'avez noirci auprès de son successeur, jusqu'à ce que vous eussiez obtenu, contre moi, une lettre écrite sur le ton de la première de son prédécesseur. Ainsi, les vaisseaux, comme on dit, furent brûlés dès l'abord, grâce à votre activité à me nuire.

Vous ne voulez pas perdre un malheureux! Est-ce pour le sauver que vous jetez sur le pavé un père de quatre enfants, un employé de 38 ans, bien noté, qui avait des droits à l'avancement que vous lui avez refusé, et qui est le seul appui de son vieux père en ces temps difficiles? Vous le jetez sur le pavé sans jugement, parce que son jugement eût été accusateur contre vous. Tous vos efforts n'anéantiront pas les témoignages unanimes des municipalités en ma faveur. Une plume respectable n'a-t-elle pas écrit à M. le Préfet ces mots à mon sujet: « Par sa conduite digne, par ses procédés doux et « conciliants, il s'est attiré une estime universelle et a re- « levé l'honneur de son administration. »

Je l'ai écrit et je le répète: Je sors du service, mais avec honneur; j'en sors les mains et la conscience pures. Dites-en autant, si vous l'osez, de qui m'a été préféré pour l'avancement; dites-en autant de qui vous avez soutenu la cause pour ma perte, malgré l'évidence de mon bon droit.

Soutiennent-ils du moins l'agent voyer en chef, ces agents d'arrondissement si soutenus? Qu'on en juge par le trait suivant.

L'un d'eux, que j'estime cependant, avait envoyé, sans malice probablement, une carte représentant un âne, et sur le bât étaient écrits ces deux mots: « Service vicinal. » Un de ses collègues lui adressa ce quatrain qui m'a été récité de mémoire:

De ce triste et honteux service vicinal,
Vous vouliez, cher ami, représenter la tête:

Hélas! vous ne pouviez qu'emprunter une bête.
Laissez-moi vous louer du choix de l'animal.

Mais ce chef qui me taxe gratuitement d'insubordination, il m'a lui-même recommandé, en 1864, de ne *pas me laisser mettre le pied dessus* par mon chef hiérarchique. Ce qui l'étonnera, c'est que j'établirai, par un témoignage écrit, que ces paroles ont été prononcées. Il est vrai qu'il ne cultivait pas pour l'agent voyer d'arrondissement dont il s'agit la tendresse qu'il cultive tout seul pour M. Y....

Je dis tout seul. Un des subordonnés de ce dernier m'écrivait que « bien d'autres que moi auraient dû perdre la tête, à la façon dont ils étaient traités par lui. »

Un autre agent voyer, témoin de ce qui se passait dans un bureau d'arrondissement, a écrit : « Les ordres donnés la veille, et dont on ne se souvient plus le lendemain, constituent une des bévues les plus fréquentes de.... (l'agent voyer en chef).

Pour ma part, j'ai reçu de lui cinq ordres tous contraires sur le même objet, à peu de jours d'intervalle. Il s'agissait de border des talus en remblai pour prévenir les malheurs. Il m'a prescrit tour à tour : des garde-fous, tantôt de telle dimension, tantôt de telle autre ; puis des arbustes avec garde-fous ; puis des peupliers et des acacias ; puis des peupliers avec des garde-fous ; puis des acacias tout seuls ; puis des peupliers seuls. A peine un ordre est-il donné, qu'il doit être exécuté. Le chef m'a donc demandé si son ordre l'était, — mais lequel ? L'agent voyer d'arrondissement qui servait de truchement m'a répondu « qu'il ne savait lequel entendre de ces ordres. »

Ma tâche n'est pas facile comme celle du chef. Il m'accuse en cachette, et me voilà frappé sans savoir pourquoi ; il m'accuse encore, et me voilà perdu sans savoir pourquoi. Moi, pour me défendre, il est indispensable que je prouve, que je narre, que je cite, et par conséquent, que j'ennuie.

Pourquoi est-il si long dans ses lettres, demandent ceux qui me veulent du bien sans oser l'avouer ? Parce que j'ai à expliquer des faits inconnus, techniques, incroyables. Qui connaît la vicinalité, sinon l'agent voyer ? Qui se doute de ce qui s'y passe, puisque le chef ne le sait guère ? On pense que nous avons un règlement et des instructions ; qu'il n'y a qu'à les suivre, et que de petites variations dans le service ne valent pas la peine de s'y arrêter. Rien n'est vrai dans cette supposition. Le règlement, c'est la volonté (inconnue des autres et de lui-même) qui anime l'agent voyer d'arrondissement au jour le jour. Ce qui était vrai hier est faux aujourd'hui ; ce qui était préconisé à S. J.... ne vaut rien à B.... ; M. Y..., sorti du premier de ces arrondissements, a *tout perfectionné*. La preuve se trouve dans le chaos de la comptabilité, dans la contradiction continuelle des ordres, dans le concert de réclamations des créanciers.

Le subalterne est nécessairement le bouc-émissaire de ces énormités. C'est lui que les créanciers accusent. Il se lasse enfin et se retire. C'est là le but. Un nouveau venu le remplace. Ainsi se maintient le service par l'expulsion des témoins devenus incommodes. Les plus vieux, les plus capables, sont les plus menacés.

Une personne étrangère à notre service croira que l'agent voyer élagué d'un département n'a qu'à se présenter dans un autre, après avoir perdu ses droits à la retraite et son grade. Il n'en est rien. L'administration étant départementale, de nombreux surnuméraires attendent partout leur tour d'être placés. Il est juste qu'ils le soient de préférence à des étrangers. Le père de famille injustement frappé; l'agent voyer de première classe qui portera ailleurs les titres des injustices de son administration, trouvera devant lui toutes les portes closes. Pour comble de disgrâce, le chef refusera, sans savoir dire pourquoi, un bon certificat à ce subalterne qui, dans d'autres conditions, aurait peut-être rougi de lui en demander un.

Et puis, n'est-ce rien que nos versements obligatoires à la caisse départementale des retraites ? Quand l'administration nous a imposé cette charge, n'a-t-elle pas signé implicitement un contrat synallagmatique qui l'empêche de rendre responsable de ses méfaits le subalterne ? qui lui défend de le congédier, comme on congédie un commis de magasin, sans être tenu de lui dire pourquoi ? Rendez-nous nos dépôts, ou rendez compte de votre conduite, ou tout au moins, rendez compte de notre exclusion du service, de notre exclusion des retraites.

On m'a cité la discipline militaire; lorsqu'on est à court de bonnes raisons, on va en chercher dans les extrêmes. Dans le service militaire, l'insubordonné passe en conseil de guerre, on lui fait son procès; qu'on me fasse le mien. Si j'ai des torts, qu'on me les montre et qu'on me révoque, au lieu de m'appliquer la pénalité la plus rigoureuse édictée par l'article 24 du Règlement organique, en dehors de toutes les prévisions de cet article, et pour des méfaits commis par qui m'accuse. Si mon administration a tous les torts, qu'on réforme les abus, et qu'on maintienne ma position.

Réformer les abus, nul n'entreprendra cette tâche. Les abus se rendent respectables par leur gravité et par leur nombre : il est plus simple de répondre à une demande de réforme, par un abus et une injustice de plus.

Il y a les abus involontaires qui ne seraient pas incurables s'ils étaient avouables ; il y a les abus volontaires desquels on détourne les yeux pour éviter de les combattre.

Ce n'est pas aux abus involontaires que faisait allusion l'agent voyer qui a écrit ces mots : « J'ai souffert d'atroces « persécutions. » Mais en voici un :

Cinq mandats de cantonniers ne m'étaient pas parvenus. Le chef soutint les avoir envoyés tel jour à l'agent voyer d'arrondissement qui soutenait me les avoir transmis tel autre jour. Seul, je ne pouvais établir que je ne les avais pas reçus. Il faut nécessairement que le tort s'arrête en bas. Les cantonniers souffraient. Il va sans dire qu'on restait sourd à mes réclamations, vu qu'on ne se déjuge pas. Plusieurs mois plus tard, il fut reconnu que les cinq mandats n'étaient pas nés.

De telles méprises se multipliant trop, parce qu'on ne veut pas écouter le subalterne placé sur les lieux et qui voit de ses yeux, on finit par supposer qu'il ne saurait regarder ses chefs sans sourire. C'est son arrêt de mort.

Je passe à des exemples d'abus volontaires, des abus spécialement que se permettent les chefs au détriment de leurs subordonnés.

A table, chez un maire, en présence d'une quinzaine de personnes, j'ai entendu un convive faire une révélation qui n'en était pas une pour moi, mais dont je prends acte, vu la publicité du moment. Il affirmait avoir été longtemps payé en qualité de cantonnier d'un chemin qu'il n'avait jamais vu. Il citait d'autres cantonniers aussi hétérogènes, notamment un fournisseur domestique. On m'a assuré avoir cité au chef lui-même une femme cantonnier. Et les ouvriers qui travaillent réellement ne seront pas payés !

Tout récemment, un entrepreneur rappelait devant moi des historiettes du même genre, se rapportant à un autre entrepreneur, de la bouche duquel je les tenais déjà. Un mandat avait été enflé des 4/10, et l'agent voyer d'arrondissement empocha la différence ; il lui fit en outre signer un mandat préparé pour un autre. Enfin, le même sous-chef avait exigé près du 5 p. 0/0 du montant d'une petite entreprise pour la délivance des plans et profils du projet.

L'industrie qui consiste à donner à copier aux agents voyers cantonaux, sur le papier et la toile calque de l'administration, les épures à vendre aux entrepreneurs, est d'un joli profit pour l'agent voyer d'arrondissement. Qu'on s'enquier de celui de B...., s'il a jamais partagé le bénéfice avec ceux qui faisaient le travail.

Grâce cependant aux largesses que se font ces Messieurs sur les 4,000 fr. votés annuellement par le Conseil général pour le matériel des agents voyers, il ne nous arrive rien de cette somme, rien que des imprimés, qu'il est nécessaire souvent de mendier.

Le règlement organique a beau stipuler que les agents voyers cantonaux seront pourvus aux frais de l'administration de tous les objets nécessaires à leur service, comment en serait-il ainsi après que les chefs ont prélevé les frais de loyer, de chauffage et de mobilier de leurs bureaux, et qu'ils ont palpé sous forme de gratifications le reste, y comprisles économies réalisées sur nos frais de tournées, etc.?

Le chef lui-même ne touche-t-il pas des frais de loyer supérieurs au prix qu'il paie à son propriétaire pour son bureau et son appartement privé?

A part le niveau et ses accessoires à nous prêtés à l'entrée du service, mais dont l'entretien est à notre charge, nous achetons tout. J'eus la candeur de demander certains outils; il me fut répondu : « Je n'ai ni règle, ni équerre, etc., mais « je tiens à votre disposition un morceau de gomme élastique « et de l'encre ordinaire, » que je devais aller quérir au chef-lieu d'arrondissement.

Car c'est ainsi qu'on sauve les apparences. Afin de pouvoir répondre que nous touchons des frais de bureau, à un certain jour qu'il plaît à l'agent voyer d'arrondissement de nous désigner, nous nous rendons de 30 à 40 kilomètres à son bureau, où nous touchons en papier, plumes, etc., la valeur de 2 fr. environ.

Le trait suivant résume ce qui me resterait à dire. A A..., mon prédécesseur M. Y.... et le chef firent exécuter en 1863, sans enquête préalable, une rectification malheureuse, unanimement condamnée. Le conseil municipal de la commune traversée délibéra ainsi : « Nous voterons des fonds pour que le chemin soit remis en son premier état. » Une somme considérable ayant fondu dans cette entreprise de 1200 mètres, on la fit figurer officiellement comme ayant payé des travaux neufs sur la plus grande partie du chemin qui a 8 kilomètres. « Pour ce travail, disait ironiquement un grave Sous-Préfet, M. Y.... a obtenu un poste d'arrondissement.... »

Conclusion. — Je demande justice à S. E. M. le Ministre de l'Intérieur et à la publicité, et j'espère trouver qui donnera du pain à ma famille en échange de mon travail.

JOGUET.

Lyon. — Imprim. de Vᵉ Th. Lépagnez et Fils, petite rue de Cuire, 10.

BIBLIOTHEQUE NATIONALE DE FRANCE
3 7502 01047936 0

www.ingramcontent.com/pod-product-compliance
Lightning Source LLC
LaVergne TN
LVHW010310230826
846091LV00007B/3088

* 9 7 8 2 0 1 1 7 8 3 4 8 6 *